LE

CRI D'ALARME.

LE CRI D'ALARME

CONTRE

LE MINISTÈRE POLIGNAC.

PAR B.-L. BELLET,

AUTEUR DE LA POLICE DE LA PRESSE.

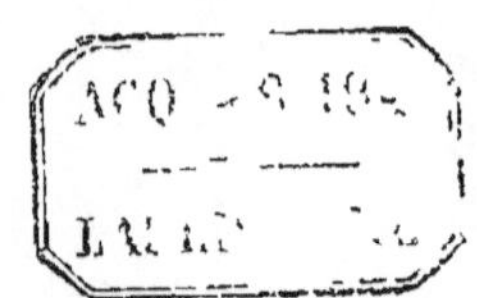

Or, en ce temps-là, sept plaies vinrent fondre sur l'Égypte !..

DEUXIÈME ÉDITION.

PRIX : 75 C.

PARIS.

A LA LIBRAIRIE UNIVERSELLE,

RUE VIVIENNE, N° 2 BIS.

AOUT 1829.

MINISTÈRE POLIGNAC.

MINISTÈRES.	VALEUR NOMINATIVE.	VALEUR REPRÉSENTATIVE
Affaires étrangères. . .	M. le prince de Polignac.	l'Angleterre.
A la guerre.	— de Bourmont.	l'Autriche , l'armée anglaise et la fidélité.
Aux finances.	— de Chabrol.	M. de Villèle.
A l'intérieur..	— de la Bourdonnaye. .	Les réactions de 1815.., le monopole et système des coups d'état.
A la justice.	— de Courvoisier. . . .	Le collége de Fribourg et les jésuites.
Aux cultes et a l'instruction publique..	— de Montbel.	La congrégation et le villélisme.
A la marine.	— le vice-amiral de Rigny..	S. Ex. n'a point accepté.

IMPRIMERIE DE SELLIGUE
rue des Jeûneurs , n° 14.

LE
CRI D'ALARME.

LORSQUE des ministres, justement flétris par la nation,
tombèrent, il y a dix-huit mois, sous le double poids
de leurs excès et de la réprobation publique, la France
espéra qu'une aurore brillante allait se lever sur ses destinées. Elle conçut l'espoir d'un avenir plus heureux qui
dût la venger de la longue humiliation qu'elle avait en-
durée sous le joug odieux de ses triumvirs. Les Excellences déchues, qu'un éloquent citoyen appelait au banc des
accusés, allèrent alors siéger à la chambre des pairs, et
de nouveaux ministres surgirent dans le conseil du Roi.
Chacun d'eux fut tout d'abord prodigue de promesses,
et tous murmurèrent les mots *de charte et de liberté*; l'un
voulut augmenter la gloire de notre marine, et cependant nos soldats continuent encore à jouer la panto-
mime devant Alger! l'autre se déclara le tuteur des com-
munes, puis il vint insolemment dire à nos mandataires,
en leur offrant les lois municipales et départementales :
votez, mais ne discutez pas; celui-ci lança son manifeste
contre la presse ; celui-là livra Galotti à ses bourreaux;
M. de Beauvais soutint le clergé, et M. de Saint Cricq
ne soutint pas le commerce. Voila tout ce que produisit
le ministère-Martignac.

Un long espace de temps venait donc de s'écouler sans profit aucun pour le bonheur de la nation et pour la gloire du pays ! la France n'avait été dotée d'aucune institution utile ; aucune réforme n'avait été introduite ; aucun abus n'avait été réprimé ; seulement le chiffre effrayant du budjet et des crédits supplémentaires attestait les charges énormes des contribuables. Il était temps de sortir de cet état de choses ; et de toutes parts on se demandait : quand la Garonne ne viendra-t-elle plus déborder jusques au lit de la Seine ? Quand aurons-nous des ministres qui rempliront leurs engagemens , qui ne se joueront plus de leurs sermens, qui ne se placeront plus entre entre le Roi et son peuple ; le *Moniteur* du 9 août a résolu ces hautes questions, et le fléau dont les symptômes se manifestaient depuis long-temps , le ministère Polignac enfin est venu fondre officiellement sur nous.

Le veille de ce jour néfaste, au seul bruit du changement de cabinet, un coup mortel frappa les transactions commerciales ; les fonds publics éprouvèrent une baisse inimaginable ; l'alarme fut générale... Cependant on osait espérer encore... mais le lendemain les ordonnances parurent et les doutes s'évanouirent ! Dans le premier moment, la stupeur et l'inquiétude s'emparèrent de chaque citoyen. Mais bientôt on se rassura : le sentiment de la crainte se dissipa pour faire place à la pitié ; c'était plus encore qui ne méritait la nouvelle administration.

Que la faction qui vient d'élever ses gens sur le pavois se glorifie de son triomphe ; mais qu'elle hâte d'en jouir.

il ne sera pas de longue durée : le bien est toujours produit par l'excès du mal.

Disons-le d'abord, l'amiral de Rigny, nommé ministre de la marine, n'acceptera pas une place dans le nouveau conseil où les palmes de Navarin seraient flétries, où parmi ses collègues il s'en rencontrerait un qui ne comprendrait pas une victoire sans une trahison. M. le préfet maritime de Toulon est environné de l'estime de ses concitoyens, et les ministres ont voulu se retrancher derrière une réputation honorable, comme ils ont voulu se faire un rempart de la popularité du préfet de police; mais M. de Rigny et M. de Belleyme ne sont pas les instrumens d'une faction. Un jour viendra sans doute où ils pourront être encore utiles à la gloire et au bonheur de la France, mais maintenant ils ne veulent à aucun prix être confondus avec MM. de Montbel, de la Bourdonnaye, de Polignac et consorts.

Et quel est donc ce M. de Polignac ? C'est un prince romain, affilié à la congrégation, et tour à tour son protecteur et son protégé. Interrogeons la conduite de Son Excellence : M. de Polignac refusa de prêter serment à la Charte, base immuable de nos institutions; il vota avec la majorité de la Chambre introuvable; il soutint à la chambre haute la fameuse proposition de M. de Barthélemy, appuyée déjà par MM. de Castellane, de Montmorency et de Pastoret; il se déclara souvent l'appui du jésuitisme. « Or, comme l'a dit un jeune » publiciste, M. le prince de Polignac ne pourrait don» ner satisfaction à l'opinion publique qu'en apostasiant » sa religion politique, et nous lui rendrons la justice de

» l'en croire incapable. » Mais ce n'est pas tout encore : à l'époque où l'horizon s'assombrit vers l'Orient, où la guerre peut éclater d'un moment à l'autre entre les puissances de l'Europe, la France avait besoin d'être elle-même ; il lui fallait à la tête des affaires extérieures un homme qui fût français, non-seulement par sa naissance, mais encore par ses principes et par ses intentions, un homme en dehors de toute coterie, de toute affiliation, un homme enfin indépendant de l'influence d'une cour étrangère : aussi la nation repoussait-elle M. de Polignac, qu'on trouva plus souvent à Londres dans les antichambres du duc de Wellington que dans le cabinet de l'ambassade française. Nous avons aujourd'hui pour ministre un des complaisans du prince de Waterloo, qui nous place sous la même tutelle qu'exerçait sur nous M. le prince de Metternich aux beaux temps de M. de Villèle, et si l'épouvantail de nos libertés publiques ne nous a pas été plus tôt expédié de l'Angleterre, c'est que son éducation politique n'était probablement pas encore terminée.

La France avait un rôle brillant à jouer, si son intervention fût devenue nécessaire dans la lutte engagée entre Nicolas et Mahmouhd ; eh bien ! maintenant, elle ne pourra plus exercer sa prépondérance ; elle ne pourra plus jeter son armée dans la balance européenne ; elle ne pourra plus même opter pour la neutralité ! Quoi ! nous serions enrôlés sous la bannière britannique ; nous serions pour le croissant ou pour la croix selon le vent de la politique anglaise ; selon les instructions que le duc de Wellington notifierait à son docile élève, à son gracieux ami. M. le prince de Polignac ?

Non, non, nous resterons français ; nous n'accepterons pas le patronage de la Grande-Bretagne. Vous êtes prince romain, M. de Polignac ; vous êtes ambassadeur près le cabinet Saint-James ; tant mieux : bientôt votre Excellence ira dire à Rome, au père Rothaan lui-même, au général des jésuites, que la congrégation vous avait élevé au ministère, mais qu'elle n'a pu vous y soutenir ; et vous annoncerez au duc de Wellington que l'opinion publique a été plus forte en France, que la volonté de Sa Seigneurerie...

J'ai parlé tout-à-l'heure de guerre et d'armée ; mais plusieurs généraux songent à quitter le service : eh ! quoi, la nomination de M. de Bourmont au département de la guerre, aura-t-elle pour seul résultat, de nous priver de l'appui de leurs talens et de leur épée ? Il est à désirer que ces bruits facheux ne se confirment pas, et que l'armée conserve des chefs destinés peut-être à cueillir encore de nouveaux lauriers ; mais l'honneur de 200,000 hommes !!..

On lit dans le *Moniteur* :

Charleroy, 15 juin 1815 ; au soir.

« Le quatrième corps commandé par le général Gé-
» rard arrive ce soir au Châtelet. Le général Gérard à
» rendu compte que le lieutenant général Bourmont,
» le colonel Cl...., le chef d'escadron Vil.... sont *passés*
» *à l'ennemi* ainsi qu'un lieutenant du onzième des chas-
seurs.

« Le major général a ordonné que ces DÉSERTEURS fus-
» sent sur-le-champ jugés conformément aux lois. Rien

» ne peut peindre le bon esprit et l'ardeur de l'armée ;
» elle regarde comme un événement heureux la déser-
» tion de ce petit nombre de TRAITRES qui se démas-
» quent ainsi. »

On lit dans le même journal :

9 août 1829.

« Le comte Bourmont, pair de France, lieutenant
» général de nos armées est nommé ministre secrétaire
» d'état au département de la guerre ! ! !

Ces faits sont trop éloquents pour avoir besoin d'un long commentaire ; aussi je n'ajouterai que peu de mots : si Son Excellence paraît à la tribune de l'une ou de l'autre chambre, pour développer le texte du Code pénal militaire, quel ne sera pas son embarras vis-à-vis ses anciens frères d'armes, toujours fidèles à leurs drapeaux, en analysant les peines réservées aux déserteurs? M. de Bourmont se rappelera peut-être la veille de la seconde bataille de Fleurus ; et si la rougeur vient alors à colorer son front, on se souviendra de ce mot de l'empereur : « *Bourmont fut une de mes erreurs.* »

Je poursuis l'examen du conseil.

M. le comte de la Bourdonnaye ou l'homme aux catégories, peut-il faire oublier à la France la faiblesse de M. Martignac? Donnera-t-il aux pays les franchises nationales dont elle est privée, non? Son Excellence n'aurait d'énergie que pour conseiller un coup d'état, mais elle n'aurait pas assez de force pour l'exécuter. Les antécédens de la conduite politique de M. de la Bourdonnaye ne sont pas de nature à nous rassurer ; en 1817 il vota contre la loi d'élection ; il se prononça contre la loi de recrutement proposée par M. Gouvion-Saint-Cyr, et contre toutes les mesures constitutionnelles sollicitées en 1819. Il s'opposa à l'admission de M. Grégoire à la chambre, et apporta dans cette discussion le même acharnement et la même violence qu'il déploya plus tard dans l'affaire Manuel. Et qu'elles garanties voudrait nous offrir le ministre ! S'il nous vantait *la liberté de la presse* nous lui répondrions : en 1818 vous attaquiez au nom de la morale et de la légitimité les écrits les plus inoffensifs ; vous accusiez le gouvernement de ne pas sévir contre leurs auteurs. S'il nous parlait de *la liberté individuelle* nous lui dirions : ce mot doit vous gêner, puisque vous prétendiez en 1820 « que » quand on injuriait les *missionnaires* et qu'on nommait » un régicide (M. Grégoire) député ; les ministres de- » vaient avoir le droit d'emprisonner ceux qu'ils vou- » laient punir. » S'il nous parlait enfin de son attache-chement pour la Charte et de *l'inviolabilité* de cet acte fondamental, nous lui opposerions ces paroles qu'il prononça dans la même session (1820). « On peut mo- » difier la Charte, *elle a été octroyée* et non *consentie.* » Cette injure faite à la Charte, cet outrage adressé à son auguste auteur n'ont donc pas eu d'écho dans le palais de nos rois, puisque le dépôt sacré de nos institutions est confié à M. de la Bourdonnaye qui déchirerait sans crainte et sans pudeur la page immortelle de notre droit public !

Le ministère du commerce est réuni au département de l'intérieur ; ce n'est pas à dire pour cela que le commerce se relevera florissant, que la confiance renaîtra, que les plaintes des propriétaires de vignobles seront entendues, que le monopole cessera d'enrichir certaines castes privilégiées ; le bien public est incompatible avec les opinions de M. de la Bourdonnaye. *Otez vous de là que je m'y mette*, telle fut sa seule devise pendant sa carrière parlementaire ; telle fut le seul but de ses attaques contre tous les ministres qui, tour à tour, nous ont vexés et pressurés ; mais aujourd'hui que le député de Maine-et-Loire a revêtu la pourpre ministérielle, on le verra se distinguer encore par son opposition aux lois que la France réclame, et qu'elle peut, lasse de promesses innaccomplies, réclamer énergiquement par l'organe de ses mandataires.

Si j'examine maintenant les doctrines pratiques du parti triomphant, je lis dans la *Gazette*, la prostituée du ministère. « Que les hommes respectent dans la
» proportion de leur ignorance les personnes et les pro-
» priétés ; que la société la plus parfaite comme la plus
» paisible serait celle où on reconnaîtrait la loi divine,
» comme loi de la loi civile ; que l'instruction publique
» est le véritable apanage du clergé, qu'elle appartient
» au sacerdoce en vertu de son autorité spirituelle, et
» que lui ôter cette direction, c'est anéantir à la fois le
» matériel et l'esprit de l'enseignement. »

Cette profession de foi fait pressentir la direction que suivra M. de Montbel, nommé ministre des cultes, de l'instruction publique, et grand maître de l'université. Ainsi, le maire de Toulouse a reçu le prix de son dévouement à la cause de MM. de Villèle. Corbière et

Peyronnet, et peut-être ira-t-il plus tard s'asseoir près de ses patrons à la chambre haute, tandis que M. de Vatimesnil qui osa faire exécuter les ordonnances royales relatives aux académies, vient de tomber en disgrâce, sans même obtenir la plus légère fiche de consolation. On sait au reste que M. de Montbel, l'expression incarnée du villélisme, céderait au besoin à M. de Fraysinous la toge universitaire

La magistrature française compte des noms honorables, et la nomination de M. de Courvoisier à la place de garde des sceaux n'est pas sanctionnée par l'opinion publique ; M. le procureur général près la cour royale de Lyon n'était connu que par l'éducation qu'il faisait donner à ses fils au collège de Fribourg, d'où l'un d'eux s'échappa ; mais la congrégation l'a soutenu, parce qu'il fut hostile à la liberté de la presse, parce qu'il est digne de mettre une apostille à la trop fameuse circulaire de M. Bourdeau.

Quant à M. de Chabrol, qui n'est doué d'aucune probité politique, il n'entre au conseil que pour doubler M. de Villèle, qui, placé momentanément derrière la toile, a machiné longuement le complot liberticide dont nous sommes victimes ; M. de Chabrol devient le collègue de MM. de la Bourdonnaye et de Bourmont, c'est vraiment le ministère des sympathies. Le ministre de l'intérieur fut en 1815 le fauteur de la loi *d'amnistie*, et M. de Chabrol était préfet du Rhône, lorsqu'en 1816 un régime sanguinaire, fils bâtard de la terreur, s'organisait à Lyon ; lorsque chaque jour les échafauds s'élevaient dans la seconde ville du royaume ; lorsque la hache du bourreau décimait les citoyens accusés d'avoir pris part aux prétendues conspirations qui éclatèrent sous le commandement militaire de M. le général Canuel. M. de Bourmont oublia près des champs de Waterloo qu'au retour de l'île d'Elbe l'empereur avait reçu ses sermens ; et M. de Chabrol, vaincu par la peur, quitta d'abord les provinces Illyriennes dont l'administration financière lui avait été confiée, puis il se rendit plus tard au quartier général de l'Autrichien Bubna, et cependant il avait dit à Napoléon, au moment où son frère fut nommé préfet de la Seine : « L'empereur » sait et apprendra de jour en jour combien il peut » compter sur ma famille et sur moi : en aucune cir- » constance je n'oublierai Votre Majesté » Vaines promesses ! vaines protestations ! Mais en supposant que M. de Chabrol n'ait cédé par la suite qu'à sa poltronerie vraiment proverbiale, il n'en est pas moins vrai que le triste souvenir de nos réactions politiques est inséparable de son nom.

Pour plaire enfin à M. de Polignac, au noble faubourg, et au club de la rue du Bac, on a exhumé de l'ancien régime la feuille des bénéfices pour en doter M. de Fraysinous, et bien qu'elle soit revendiquée par d'autres prélats, il est probable que M. d'Hermopolis triomphera de par Ignace des autres princes de l'église qui osent entrer en lutte avec lui.

Telle est aujourd'hui notre situation. Le ministère est isolé ; il élève une insurmontable barrière entre le trône et la nation. Nos Excellences vont être obligées de contracter l'habitude du mépris public ; elles vont être contraintes de se mésestimer elles-mêmes. Voilà la France jetée sur une mer nouvelle ; sa route est désormais incertaine ; son avenir est avantureux, et c'est nous, grand Dieu ! qui nous sommes livrés à ces pilotes qu'on accuse déjà d'avoir en secret arboré les pavillons étrangers sur le vaisseau de l'état.

Il faut en convenir, si un ministère qui blesse l'honneur national a succédé à une administration sans énergie, les mandataires de la France ne sont pas exempts de tous reproches ; par leurs faiblesses, par leurs méticuleuses concessions, par leur négligence à se rendre exactement au poste que la nation leur avait confié, ils ont accru l'audace des contre-révolutionnaires : profitons, pour notre éducation constitutionnelle de la leçon que le pays vient de recevoir; mais, que cette leçon soit la dernière ! Électeurs, rien n'est désespéré. Le ministère ne tentera pas un coup d'état, parce qu'il tomberait le premier dans l'abîme qui s'ouvrirait sous ses pas ; la fraude et la déception ne corromperont plus les élections, parce que vous connaissez vos droits, et que les tribunaux vons sont ouverts; le parti prêtre n'exercera pas long-temps son influence parce que la presse dévoilera ses intrigues et ses sourdes menées. Non, encore une fois, rien n'est désespéré Nous avons triomphé de M. de Villèle, eh bien ! depuis cette époque, notre constitution est devenue plus robuste et moins impressionnable ; le fléau qui nous accable maintenant réveillera dans le cœur des citoyens le sentiment de leur force, et de leur indépendance, et secouant le joug du ministère Polignac, la France relevera toujours plus noble et plus majestueuse son front incliné pour un seul moment.

Députés! c'est à vous qu'il appartient d'accomplir notre régénération : la force naît de l'union ; restez unis : laissez aux âmes vénales les capitulations de conscience, les faveurs ministérielles, et qu'à l'exemple du célèbre irlandais M. O'Connell, faisant sa profession de foi aux électeurs du comté de Clare, chacun de vous promette à ses commettans d'avoir pour but constant de ses efforts la cause du peuple et la diminution des impôts, d'être pendant tout le cours de sa carrière parlementaire un des hommes qui se lèvent le plus tôt et se couchent le plus tard, d'arriver à la chambre et d'en sortir avec le président, et de ne pas quitter Paris pendant la durée de la session : Députés! vous ne démentirez pas l'espoir de la nation ; elle vous confie ses destinées.